네게줄
귤다섯개
하루종일
포장했다

허필연 글 · 이희정 캘리그라피

시집을 내며

늦가을 비가 추적이는 호반의 아침입니다.
둘러보니 세상에 태어난 밀어들이 모두 비를 맞고 있습니다.
돌아보니 잊히거나 묻어두었던 밀어들도 젖으려고 합니다.
첫 시집인 蜜語밀어를 펴내면서 세상을 살리는 예쁜 말만 하며 살겠다고 각오했었습니다.
책이 다 팔려나가자 각오도 점점 멀어져 갔습니다.
갓 여문 탱탱한 귤처럼 싱그런 즙을 뚝뚝 떨구던 그 언어들은 다 죽어 버린 것일까요?
창고에 쌓여있던 묵은 귤처럼 시든 언어들이 어느 날 우연히 말똥캘리의 시선과 맞닿았습니다.

쿵 소리를 내며, 쿵쿵 소리를 내며
심장이
하늘에서 땅까지 아찔한 진자운동을 계속하였다
첫사랑이었다*

첫사랑을 만난 것처럼 떨렸습니다.
한 해를 앉지도 서지도 못하며 설레였습니다.
발견해 준 시선에 감사하며 불려가서 꽃의 이름으로 부활한 순간을 기록합니다.

정성으로 포장된 귤 다섯 개가 지금 막 그대를 향해 출발했습니다.

얼지도 녹지도 못하고 있어요
지금 그대 그대에게 가고 있어요 **

만나는 가슴마다 심어둔 마음들, 하나의 꽃송이 송이로 피어났으면 참 좋겠습니다.

허필연

* 김인육 '사랑의 물리학'   ** 허필연 '우두 가는 길'

차례

얼지도 녹지도 못하고 있어요
봄 10/ 산수국 12/ 목련 13/ 사랑 1 14/ 그렇습니까? 채송화입니다! 16/ 방화범 18/ 개망초 1 20/ 풀꽃 22/

앉지도 서지도 못하고 있어요
우두 가는 길 26/ 밀어 蜜語 28/ 내 몸이 우주를 앓는다 29/ 봄 2 30/ 시월 첫날 32/ 개망초 7 34/ 만추 36/ 가을 37/ 폭설 38/

지금 그대에게 가고 있어요
까닭 1 42/ 그대로 44/ 내내 45/ 별 46/ 장마 48/ 남산 50/ 피어도 져도 배롱 꽃입니다 52/ 꽃다지 연가 54/ 설화 雪花설화說話 57/

한여름에 쏟아진 눈꽃

사랑 3 **60/** 개망초 9 **62/** 너 **63/** 친구라 하네 **64/** 개망초 5 **66/** 칠석을 지새우고 **68/** 칠불사로 갑니다 **70/** 첫눈 3 **73/**

하지에도 녹지 못하고

먼발치 **76/** 할머니는 까치발 중 **78/** 가을 5 **80/** 하늘에 걸어 놓은 마당 **82/** 구월이 가는 소리 **84/** 즈음 **87/** 어디 꽃잎 떨구지 않은 초록 있으랴 **88/** 겨울 **91/**

떨고 있는 기다림

순자 **94/** 나는 지금 1 **98/** 나는 지금 2 **99/** 가을 3 **100/** 첫눈 **102/** 그런 당신 **105/** 오늘 아침 문득 그리움이 된 그대여 **106/** 개망초 6 **108/**

얼지도 녹지도 못하고 있어요

봄

산수국

목련

사랑 1

그렇습니까? 채송화입니다!

방화범

개망초 1

풀꽃

봄

먼 데서 그대 출발하셨군요
코끝이 도착하지 않은 향기를
구별하려 애쓰는 걸 보니
큰바람으로 한발 내디셨군요
가슴이 서둘러 온몸에 세포 문을
열라 명령하는 걸 보니
그대 분명 이리로 향하셨군요
오지 않고 못 배기길 그대이지만
설레이지 않고는 못 견디는 이 기다림이여

오지않고
못배길
그대이지만
설레지
않고는
못
견디는
기다림이여

봄 011

산수국

호명 호수 그 숲속에
연보라 산수국이 피어 있었다
풀숲에 숨어
수북수북 피어 있었다

초록에 절여
빛에 눌려
숨죽이던 수국이
나 보고 뱉어내는
한숨

그윽했다

목련

열 마디 백 마디가 한 문장이다
난 너뿐이야

사랑 1

나를 너로 무장하다

너를 너로 무장하다

그렇습니까? 채송화입니다!

태풍 솔릭이 지나간다며
하루종일 핸드폰 속으로 문자비가 내렸습니다

이 비 그치면 채송화는 눈 뜨지 못할 겁니다
태양을 너무 바라본 죄 있어 비의
미움을 집중 받게 될테니까요

꽃의 이름으로 불리는 것들은 사랑을 했을 겁니다
그 하나의 이름을 가지기 위해 죽는 순간까지
한마음을 접지 못했을 것입니다

창 너머로 들리는 빗소리가 굵어집니다
하늘이 운다고들 하지만 어디 그 큰 하늘이
기대어 울 곳이 없어
연약한 꽃잎의 어깨를 두드릴까요

숨어 울다 흘린 눈물 몇 방울일 것입니다
사랑하는 순간이 늘 아픈 것은
사랑하는 모든 순간의 것들이
새순이라 상처받기 쉽기 때문입니다

그늘도 피서 가는 한여름에 피어나
온갖 사랑의 언어들로 마당가를 수놓던
그 당찬 채송화가 입을 꼭 다문 채 비를 맞습니다

하늘의 설움이 깊어지나 봅니다
채송화 미농지 같은 꽃잎이 다 스러집니다
채송화로 죽기 위해
오는 비를 꼬박 맞고 앉아 있습니다

그렇습니까? 채송화입니다!

018 얼지도 녹지도 못하고 있어요

방화범

너에게로 가야 할
성급한 불씨가
내 가슴에 불붙어
심장이 재가 되었다

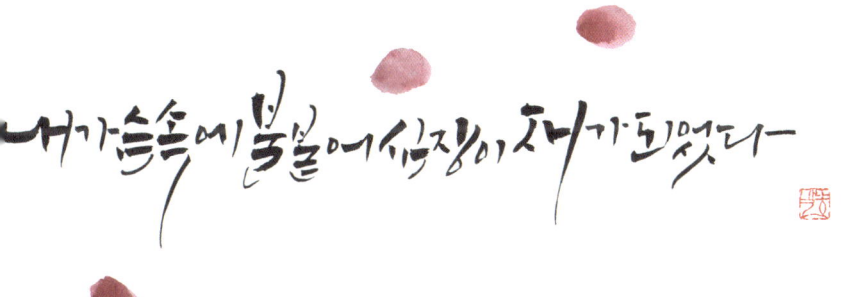

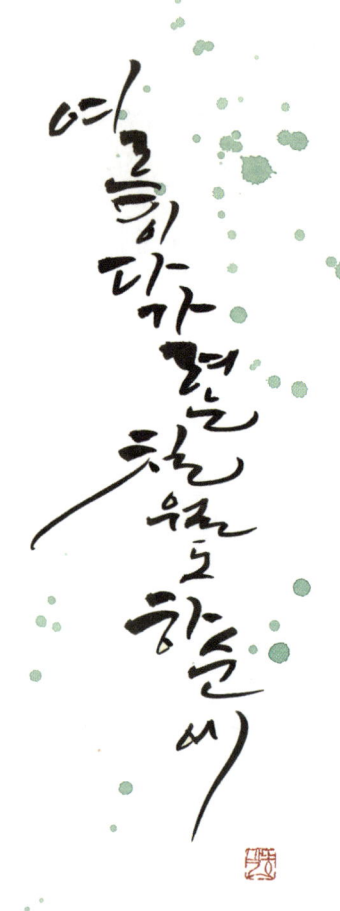

020 얼지도 녹지도 못하고 있어요

개망초 1

인제 가다 상남길 접어들면
인적 드문 산골 길
간간이 군용 지프 낯설음으로 다가오고

여름이 다 가려는 칠월도 하순에
산비탈 자락마다 여울지며
개망초 하얗게 잔치를 벌이고 있네

창문을 내리고 손 흔들고 싶나
날 기다렸냐고 묻고 싶다

묵은 밭 자락마다 모여 선
와도 오지 않아도 좋을 기다림이여

풀꽃

그대
왜
하필이면
하고 많은 꽃 중에
풀꽃이 되어
날
눈
뜬
장님으로 만들었소

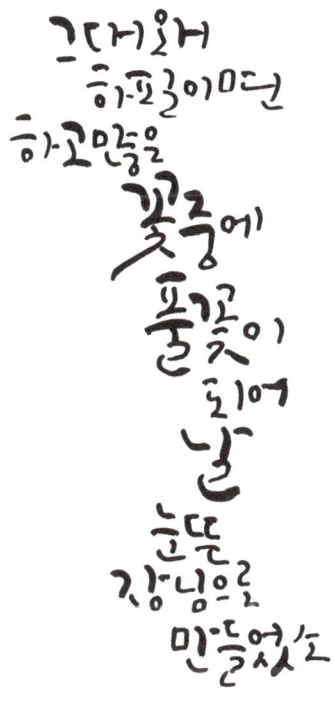

그대여
하필이면
하고많은
꽃중에
풀꽃이 되어
날
눈뜬
장님으로
만들었소

풀꽃 023

앉지도 서지도 못하고 있어요

우두 가는 길

밀어 蜜語

내 몸이 우주를 앓는다

봄 2

시월 첫날

개망초 7

만추

가을

폭설

우두 가는 길

얼지도 녹지도 못하고 있어요
앉지도 서지도 못하고 있어요
지금, 그대 그대에게 가고 있어요.

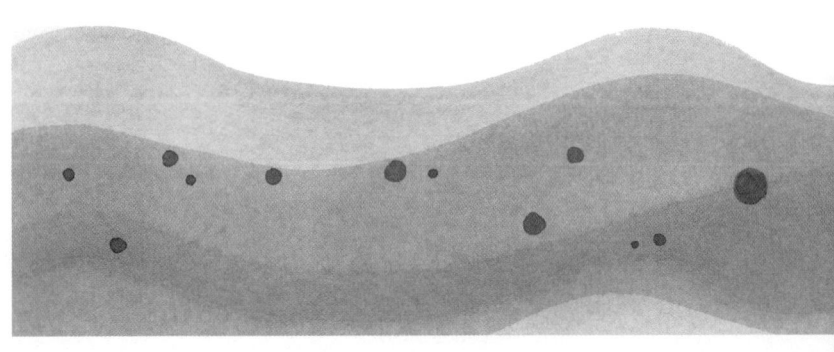

얼지도
녹지도 못하고
있어요
앉지도 서지도
못하고
있어요
지금, 그대
그대에게
가고
있어
요

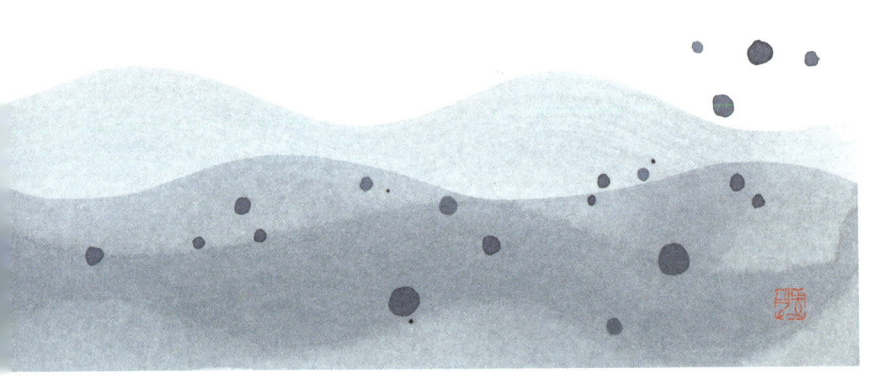

우두 가는 길

밀어 蜜語

봄비가 오시네
저리도
작은 속삭임은
꽃잎만 들으란 말

내 몸이 우주를 앓는다

밤새 뒤척이던 신경통
내 몸이 우주를 앓는다

새벽녘 흰 눈이 쏟아졌다
소복이 잠이 쌓였다

우주가 내 맘을 읽는다
아침까지 잔 눈이 서성인다

봄 2

눈
뜨던
날,

흩어지다

눈뜨던날
흩어지다

시월 첫날

어제 보낸 구월 때문일까요
노랗게 떠서 푸석이던 수세미 잎새가
그렁그렁 눈물을 달고 있습니다

그러고 보니
시월 첫날 아침 뜨락이 모두 젖어 있습니다

둘러보니
하나도 빠짐없이 구월의 강을 건너 시월에 도달했습니다

살펴보니
젖었던 마음들을 미처 추스르지 못한 것입니다

다시 보니
구월이 다 시월입니다

보내면서 아프지 않은 가슴이 어디 있겠습니까
구월과 함께했던 마음 여기 이렇게 젖고 있습니다.

개망초 7

밤새 그대 향해 동그랗게 뜬 눈이어요
온밤 그대 생각 하얗게 길을 밝혀요
그대 그대에게 가려고 해요

밤새 그대 향해 동그랗게 뜬 눈이에요
온밤 그대 생각 하얗게 길을 밝혀요
그대, 그대에게 가려고 해요

만추

계절이 깊어가는 들녘에 비가 내립니다
쑥부쟁이 구절초 감국 개미취
들국화들이 젖고 있습니다

이 빗속으로 추적추적 허리를 감으며 외로움이
다가오겠지요
이 비 가면 한 잎 한 잎 고개를 떨구며 그리움이
쌓이겠지요

멀리서 출발한 그대여 천천히 오소서
저도 알아버렸습니다
도착하지 않은 기다림은 시간을 빛나게 한다는 걸

가을

숭숭
가슴벽
헤집고
달아나는
너

폭설

네가 온다 하여
설레는 마음으로 뛰어나갔는데

그렇게
펑펑 퍼부으면 어쩌란 말이야

미처 듣지 못한 네 푸념이
푹푹 쌓여

주의보가 걸렸잖아

너는 하염없이 내리고
나는 마냥 바라보네

네가 온다고 하여
설레는 마음으로 뛰어나갔는데
그렇게 펑펑
퍼부으면 어쩌란 말이야
미처 듣지 못한 네 푸념이
푹푹 쌓여 주의보가 걸렸잖아
너는 하염없이 내리고
나는 바냥 바라보네

폭설

지금 그대에게 가고 있어요

까닭 1

그대로

내내

별

장마

님산

피어도 져도 배롱 꽃입니다

꽃다지 연가

설화 雪花설화說話

유월의
뜨락에도
비는
내린다
후드득후드득
빗소리
굵어진다
신록초목이
초록
우산을
펼쳐들었다
너
에게로
가는 말이
가로막혀
떨어진다

까닭 1

유월의 뜨락에도 비가 내린다
후드득 후드득 빗소리가 굵어진다
산천초목이 초록우산을 펼쳐 들었다
너에게로 가는 말이 가로막혀 떨어진다

그대로

내 그대를 사랑한다는 말은
그대를 그 자리에 두겠다는 말

내 그대를 보고 싶다는 말은
머언 먼 거리 시력을 밝혀보겠다는 말

내 그대가 그립다는 말은
그대가 거기, 그렇게 서 있다는 말

내내

그런 거야
외로움이 뭉치는 건
그리움으로 풀려고 그랬어

희미한 추억을 안고 어디든지 갈 수 있고
머어먼 네 안부를 다 물을 수 있고

그렇게 다녀온
소식을 들으려고 움직이지 못한 거야

기다림으로 그 자리를 지키고 서 있는 거야
내내.

별

닿을 수 없어 그대는 희망입니다

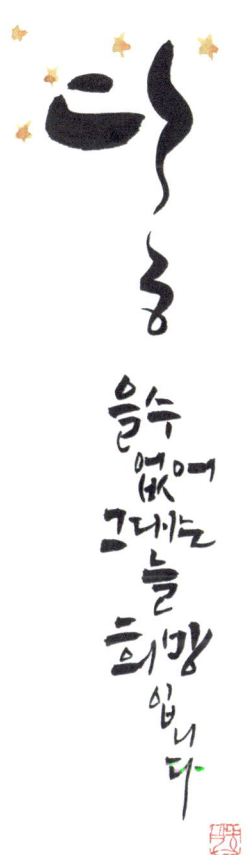

별 047

하루만
다녀오려 했는데
너무
지척였다
하루는
젖고
하루는 베이고
또
하루는
넘치고
나머지다
쓸려갔다
그대
무사하신가

장마

하루만 다녀오려 했는데
너무 지척였다
하루는 젖고 하루는 배이고
또 하루는 넘치고
나머지 다 쓸려갔다
그대 무사하신가?

남산

넌
남산이야
내 가슴 속에서
계절을 타

넌 남산이야 내 가슴 속에서 계절을 타―

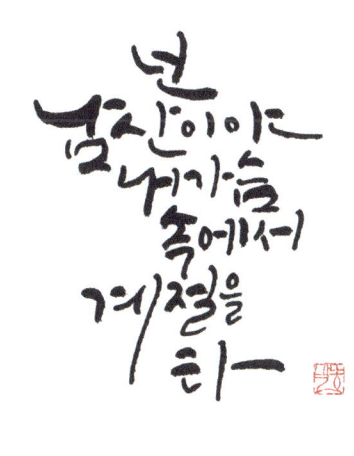

피어도 져도 배롱 꽃입니다

백중에 배롱 꽃이 핀다기에 병산서원을 찾았습니다
한여름에 말문이 터진 배롱의 사랑 이야기는
백중의 태양보다 뜨겁게 익고 있었습니다

서원이 불붙어 버릴까 봐 하늘은 비를 내렸습니다
빗물의 무게를 이기지 못한 작은 배롱 꽃잎들이 떨어져 쌓입니다

늦게 피었다고 해서 지지 않는 꽃은 없습니다
꽃이 진다고 다 서럽지도 않고
지는 꽃이 다 추하지 않음을
배롱 꽃무늬 도배를 한 낡은 돌계단에 서서 깨닫습니다

나뭇가지에 피어서

뜨락에 누워서

장맛비의 타령을 주고받으며

엮어가는 배롱 연가

피어도

져도

배롱 꽃이면 되겠습니다.

꽃다지 연가

염소 시인 밭에 꽃다지 피었습니다
두엄 모자 쓰고 올라왔답니다
냉이도 질세라 밭둑길을 비집고 발돋움했답니다
고들빼기는 눈치 없이 푹신한 버덩 밭
흙 침대에 벌러덩 누워 일광욕을 즐깁니다
염소 시인 밭을 갈아엎어야 하는데 말입니다
뒷산엔 종달새가 염소 우리엔 염소들이
화음 맞추어 보자고
밭 자락 새봄 합창단에게 추근댑니다
염소 시인 두엄 묻은 반장화 신고
괭이 메고 여기저기 오가며
전원 교향곡 제1악장 '염소농장의 봄'을 지휘합니다
춘천시 의암호 건너편 삼악산에 자리한
덕두원리 많은 밭 중에
염소 시인 밭에서만 즐길 수 있는 광경입니다

비료 먹고 웃자란 덧 풀은 겨우 눈뜨고

제초제 처방받은 도랑 건너 아재 밭은

푸석푸석 뜬 얼굴입니다

여름 내내 풀들과 전쟁놀이를 하면서도

대량 살상 무기를 쓰지 않은 염소 시인 마음자리마다

달래 냉이 고들빼기가 솟아오릅니다

꽃다지 노랑꽃 한 밭 자락 선물에

시인의 입이 다물어지지 않습니다

머리띠를 질끈 묶고 염소 먹이를 썰며

뿌연 먼지 속에 살아도

황사마스크가 무언지 모른다는

시인의 눈에는 봄이 가득합니다

염소 시인 밭에 꽃다지 한창 피었습니다

염소시인
밭에
꽃다지
피었습니다
주염꽃자
보고
놀라왔답니다
염소시인
밭을
갈아엎어야
하는데
말입니다

설화 雪花설화說話

오신다 오신다 하시더니
봄이 지나 여름을 거쳐 가을마저 보내고
이제 눈꽃으로 오시는군요
기다림만큼이나 함박 쏟아지는 그대 이야기들은
어느 설국을 지나오셨길래
말문마다 흰 꽃 자물쇠를 물고 계시는지요
밤새워 풀어도 하얀 침묵으로만 쌓이는
천기누설 天氣漏雪 천기누설天氣漏說

한여름에 쏟아진 눈꽃

사랑 3

개망초 9

너

친구라 하네

개망초 5

칠석을 지새우고

칠불사로 갑니다

첫눈 3

사랑 3

너에게 줄
귤 다섯 개
하루종일
포장했다

너에게 줄
귤 다섯 개
하루종일
포장했다

사랑 3

개망초 9

너는 왜 눈에 밟히니?

너

살아 있으면서
왜 내게로 와서 무덤이 될까?

가슴에 슬픔 한 무덤
머릿속에 그리움 한 무덤

친구라 하네

웃고 있어도 울고 있는 줄 알고
비 내리는 창가에 앉자고 합니다

아주 가까이도
그리 멀리도 아닌 거리에서
그 자리를 지키고 있어

어쩌다 슬픔으로
때론 기쁨으로 달려갈 수 있었습니다

덤덤히 건네는 한 무덤의 바다풀
그 작은 마음이 코끝을 울릴 때
비로소 친구임을 알았습니다

다 말 안 해도 다 알아들었을 것 같은

그저 가슴 가득 고마움만 쌓이는

그 사람을 이제 친구라 부르고 싶습니다

개망초 5

아무래도
오지 않아도 좋다는 말은 거짓인 것 같아
늦게라도 올 것만 같아서
하얗게 색바랜 말들을
풀어놓았어

진달래가 왔다 가고
아카시아도 다녀가고
장미도 지키던
그 길목
그 길가에

오지
않아도
좋다는
말은
거짓인거
같아~

개망초 5

칠석을 지새우고

견우와 직녀의 눈물은 모든 감정이 씻겨 나간 듯
밤새 순하게 쏟아집니다
이제 타령이 되어버린 양
중얼중얼 제 곡조를 튕깁니다

견우와 직녀에게
외로움이 없었다면
그리움이 없었다면
기다림이 없었다면
은하수에 오작교가 수억 년의 사연을 건너
나를 수 있었을까?

아직도 이별이 되지 못한 너와 내게

외로움은 희망입니다

그리움은 사랑입니다

기다림은 행복입니다

칠불사로 갑니다

칠불사에 가려고 합니다.
천년 또 천년 전에도 사랑을 아는 이 있어
인도양을 건너 이역만리 가야국까지 와
사랑의 꽃을 피우고 그 열매들이 성불을 이루었다는
그 절에 꼭 가보고 싶습니다.
일곱 아들의 얼굴을 한 번 더 보려는
황후의 간절한 마음으로
보고 싶은 얼굴을 안고 가서 영지에 비춰 보겠습니다.
지리산 팔백오십 리를 두 발로 걸으며
걸음마다 밀어를 수놓는 시인
천년 사랑을 말해도 귀를 열어줄 것 같은
이원규시인의 사랑채에 들겠습니다.
흐드러진 매화에 눈먼 그리움이 그냥 지나칠세라
길목을 막고 허황후처럼 눈을 밝혀 기다리겠지만
끝내 한 눈쯤은 질끈 감아 두겠습니다.

수천 년 뒤에 사랑을 배우고자 하는 이
이곳을 지나칠 때
그때 그 눈 마저 뜨도록 하겠습니다.

사랑을 아실 이
그리움을 아실 이
기다림을 아실 이
사랑을 배울 이를 위해
내 민저 도착해 사랑을 배워 누려
칠불사로 갑니다.

칠불사에 가려고 합니다
천년 또 천년 전에도
사랑을 아는 이 있어
인도양을 건너
이역만리 가야국까지 가서
사랑의 꽃을 피우고
그 열매들이 성불을 이루었다는
그곳에 꼭 가보고 싶습니다

첫눈 3

첫눈이 올 것 같아요
첫눈은 왜 오려고 할까요
지붕이 있고 들판이 있으니까요
첫눈이 보일 듯 말 듯 해요
기다림의 종착역이 가까워졌으니까요

꼭 오고야 말 너이기에
내가 먼저 마중 갈래요

첫눈, 토크 해
한 정거장 남기고.

하지에도 녹지 못하고

먼발치

할머니는 까치발 중

가을 5

하늘에 걸어 놓은 마당

구월이 가는 소리

즈음

어디 꽃잎 떨구지 않은 초록 있으랴

겨울

먼발치

지상에서 그대를 가장 아름답게
바라볼 수 있는 거리

먼발치

할머니는 까치발 중

고성 어느 산모퉁이 메밀 밭둑에서 시인은 바람을 만났을까?
시인은 어디를 가나 마당에 멍석을 깔고 눕지만
언제나 하늘에다 거울처럼 마당 하나 깔고
별들에게 역할극을 맡긴다

시인의 할머니는 오늘도 별나라 메밀밭 김을 매시며
바람이 새어 들어오는 이랑 사이사이로 시인의 안부를 살피시겠지

나의 고향이란 페이지를 열면 근심으로
얼굴이 그늘진 할머니가 목을 길게 늘이신 채 동구 밖을 서성이신다
시오리 늦은 하굣길에 오른 손녀딸의 기다림으로 까치발 중이시다

얼굴이 그늘진
할머니가
힘겹을 지으신채
동구 밖에
목놓이고
서계신다
하굣길에 오른
손녀딸의
기다림으로
까치발
중이시다

— 이성선 시인의 '고향의 천장'을 읽다가 —

할머니는 까치발 중

가을 5

핀 것들은 다 외롭고 진 것들은 다 그립다

가을 5

하늘에 걸어 놓은 마당

그 마당에 아마 별이 가득 돋아났었나 보다
스님이 빗자루질을 할수록 별빛이 더 빛났으리라

'쓸면 쓸수록 별이 더 많이 돋아나고'
스님은 마당을 쓸고 시인은 소나기처럼 내리는
별빛을 쓸어 모아 별 웅덩이를 만들었으리라
그 별빛에 발을 담갔으리라
그 빛줄기로 영혼을 씻었으리라

영혼이 말간 동료 시인을 먼저 보내고
시인은 그의 흔적을 느끼고 싶었으리라
이윽고 시인은 백담에 들었고
가득한 산 그림자 숲에
낮달을 따라지는 그림자 하나 만났으리라

낮달이 뜰 무렵 백담 하늘 마당에
푸른 별빛이 돋는 시간까지 머물러 보리라

누가 알아?
낮달이 업어 간 그 산
그림자를 별빛 속에 숨겨 놓았을지

– 이성선 '백담사'를 읽다가 –

구월이 가는 소리

구월이 남모르게 야위어 앙상한 뼈만 남았습니다
돌아서는 바람은 목덜미를 서늘하게 스칩니다
아직 남은 따스한 기운을 모아 안고 들길에 나서봅
니다

그대가 바라보는 자리엔 코스모스가 웃고 있고
그대가 몸 비비던 자리엔 호박이 익어가고
그대가 정을 뗀 자리에는 낙엽이 뒹굴고 있습니다
그대 간다는 소문은 온 들에 퍼져 풀숲은 누렇게
몸져누워버렸습니다

들판은
익거나
눕거나
피거나

지거나
계절을 떨이하려는 난장 같습니다

그대 아니 닿은 곳 없는 들판 구석구석
수군수군 섭섭한 속내를 비추고 있습니다
머잖아 그대를 보낸 길목마다
뒤늦은 고백이 배어 나오겠지요

구월은 멀어져가도
구월이 가는 소리는 무겁게 젖어옵니다

돌아서는
바람은
목덜미를 서늘하게
스칩니다
아직
남은
따스한 온기를
모아안고
들길에
나서봅니다

하지에도 녹지 못하고

즈음

말고개 마루
한차례 소나기 흩뿌릴 때

가방을 품에 안은 꼬마 계집아이
땀비 함빡 맞을 때

고향집 봉당에
비 피해 올라온 화덕에선

홍천군 화촌면 분목골
골이
꽉
찬
찰옥수수 한 솥 뜸 들고 있겠다

어디 꽃잎 떨구지 않은 초록 있으랴

삼천동 길 지나 옛 경춘 가도 서울로 나가는 의암 댐 길은 왼쪽은 장마철이나 해빙기엔 한두 번씩 낙석이 떡하니 길을 차지하고 앉아 있는 깎아지른 낡은 절벽이고 오른쪽은 의암호가 시작되는 곳이라 삐끗하면 수장 면키 어려운 수십 미터 수심으로 꼬불꼬불 아슬아슬한 이쁜 드라이브 코스다. 도로와 산의 경계가 거의 없어 드름산의 오래된 꽃나무와 단풍나무 가로수가 계절 따라 그대로 길에 투영된다. 얼마 전까지만 해도 꽃무늬 양탄자를 펼쳐 놓았던 그 길이 엊그제 보니 듬성듬성 구멍 난 망사스타킹을 신고 있었다. 오늘은 덜 자란 오월의 잎새 아래 2차선 도로 가득 그늘막 목티를 걸치고 있는 그 길을 또 돌았다. 그새 잎들이 다 자란 것이다. 꽃잎 뚝뚝 떨구고 초록이 된 것들이다. 너도 초록 나도 초록 덤덤 같은 말만 펼쳐 놓아도 어우러짐이 듬직하다. 어디 꽃잎 떨구지 않은 초록 있으랴.

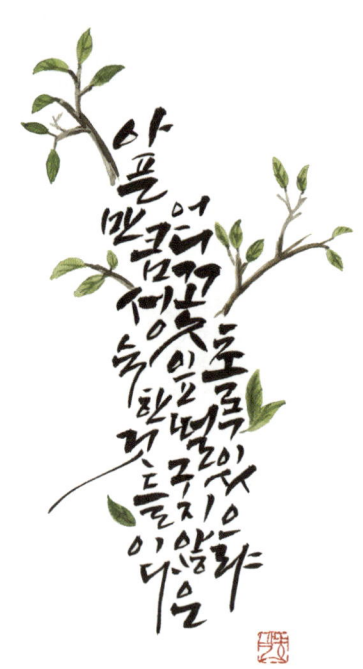

090 하지에도 녹지 못하고

겨울

품었다 놓았다 사이 다 녹았다

떨고 있는 기다림

순자

나는 지금 1

나는 지금 2

가을 3

첫눈

그런 당신

오늘 아침 문득 그리움이 된 그대여

개망초 6

순자

오늘 그 순하디순한 순자를 만났다.

순자는 내 초등학교 친구
선생님께 야단맞고 교실에서 쫓겨나던 날
산소둥이에서 동무해 준 순자

商高 나와 신설동 밍크담요 대리점에 취직한 순자
억지거리 대학생이 된 나를 부러워하면서도
눈치보며 자장면 한 그릇 더 시켜주고
사장님 몰래 전화하라고 망봐 주던 순자

그런 순자를 화가에게 뺏겼다
십 년하고도 팔 년이란 세월을
蘭치는 남편 먹 갈아 준다고 평일을 몽땅 바치고
나머지 하루는 하느님께 찬송 드려야 한다고
날 볼 수 없다던 순자

순자는 나를 잊었나? 오순도순 오리를 걸어
순자는 냇길로 십 리, 나는 산길로 십 리
아쉬움이 머물던 그 자리 새말 갈림길
내려다보면 순자는 아득한 점으로 사라지고
그 아득함이 이제 순자와 나의 거리가 되어버린 듯

그런 순자가 오늘 춘천에 왔다
결혼한 지 십 년 만에 업둥이로 얻은 순자의 딸은
단지 울 줄밖에 모르는 여덟 살배기 반뇌아
그런 수빈이를 꽃보다 예쁘다며
자랑하는 순자는 변함없는 내 친구
상고머리 깜장 고무신 여전히 오종종한 순자

그래, 허전한 옆자리 아슴한 기억의 자리에
순자를 앉히자 그리고 돌아가자

강원도 홍천군 화촌면 주음치리와 야시대리로

순자는 냇길로 삼리
나는 산길로 십리
아쉬움이 머물던
그자리 샛말갈림길
내려다 보면
순자는
아득한 점으로
사라지고
그 아득함이 이제
순자와 나의 거리가
되어버린듯

순자 097

나는 지금 1

나는 지금
초록 왕조의 마지막 왕손
플라타너스 가지 끝에 대롱대롱 매달려 있고

나는 지금
갓 내린 에스프레소 짙게 밴 혀끝에
쌉쌀하게 머물러 있기도 하고

나는 지금
에프엠을 타고 흐르는 선율 속에
클래식 음표를 주우려 귓가를 맴돌기도 하죠

그대는 지금 어디 있소?

나는 지금 2

그 스산한 바람과
그 씁쓸한 커피와
그 고운 선율을 버무려 마시고
횡격막 그 어디 후미진 곳에
뜨거운 액체로 매달려 있기도 합니다

나는 지금.

가을 3

매미울음 그쳤다
뚝.

하나 때문에 전부를 앓아 본 사람은 알지

얼마나 간결하게 가을이 오는지

매미울음 그쳤다 뚝
하나 때문에
전부를 알아본 사람은
알지
얼마나 간결하게 가을이 오는지

첫눈

다시 돌아오는 그대가
첫눈처럼 두근두근한 설레임이었으면 좋겠습니다

올 듯 말듯 기별만 바꾸는 그대가
첫눈처럼 꼭 온다는
기다림이었으면 편안하겠습니다

첫눈은 늘
예견된 만남이지만
첫을 달고 오기에 꿈꾸게 합니다
이 겨울에 오실 그대도
첫이란 흰 외투를 걸치고 오소서

내가 잠든 깊은 밤에
익숙한 설레임과
낯설지 않은 기다림의 흔적들을
오랜 친구와의 속삭임처럼 풀어 놓으소서

그대 다녀간 기척에 선잠 깬 새벽
현관 앞에 쌓여있을
그대 첫 이야기들을 소중하게 저장하겠습니다

언젠가
그대가 진눈깨비로 눈 앞을 가릴 때
폭설로 가슴에 울타리를 칠 때
첫을 꺼내 달겠습니다
첫눈.

올 듯 말 듯 기별만
바꾸는 그대가
첫눈처럼
꼭 온다는
기다림이었음
표현인
하겠습니다.

그런 당신

온종일 가는 계절을 재촉하는 비가 내렸습니다.
돌아서는 계절의 뒷모습은 참 쌀쌀맞아 으스스 몸이 떨립니다.
지난달 무더위 속에 덥석 자라난 부추를 성큼 베어 담근 오이소박이가 간이 잘 들었습니다.
비도 오고 맛도 배어나는 이런 날 그 님이 오셨으면 좋겠습니다.
햇감자를 삶아 강원도식 감자범벅을 만들어 드리고 싶은 맘 간절합니다.
겸손으로 양념을 한 그 소박한 음식을 내놓아도 부끄러움 없을 그런 당신 말입니다.

오늘 아침 문득 그리움이 된 그대여

어느새 그대 그리움이 되었군요
얼다 녹다를 반복하던 내 마음도 굳어갑니다

그리움은 그대와 나 사이 거리가 생겼다는 거
그대가 좀 멀리 가고 있다는 거
돌아서서 그 거리 너머를 재어보고 있다는 거
단숨에 달려갈 수 없는 곳에 가 있다는 거

꽝꽝 언 호수 위에 그리움의 씨앗 하나 떨어집니다
의암호를 출발한 눈물 한 방울
흐르고 흘러 그대 언 가슴에 닿으리라 믿습니다
번지고 번져서 녹아지리라 믿습니다
겉돌던 마음들이 한물 되어 흐르리라 믿습니다

오늘 아침 문득 그리움으로 마주한 그대여

광쾅언 호수위에
그리움의 씨앗하나 떨어집니다
의암호를 출발한 눈물한방울
흐르고흘러
그대연 가슴에 닿으리라
믿습니다

오늘 아침 문득 그리움이 된 그대여

개망초 6

한여름에 쏟아진 눈꽃
하지에도 녹지 못하고
떨고 있는 기다림

한여름에
쏟아진
눈꽃
하지에도
녹지
못하고
떨고있는
기다림

글	허필연
캘리그라피	이희정

초판발행	2020년 11월 30일
펴낸곳	도서출판 도반
펴낸이	이상미
편집	김광호, 이상미, 최명숙
대표전화	031-465-1285
이메일	dobanbooks@naver.com
홈페이지	http://dobanbooks.co.kr
주소	경기도 안양시 만안구 안양로 332번길 32

*이 책은 저작권법에 의해 보호를 받는 저작물이므로
 무단 전재와 무단 복제를 금합니다.

*이 책은 춘천문화재단 후원으로 제작되었습니다.